Date: 6/23/20

SP J 179.9 MUR
Murray, Julie
Ser amable

Ser amable

Julie Murray

Abdo
NUESTRA PERSONALIDAD
Kids

abdopublishing.com

Published by Abdo Kids, a division of ABDO, PO Box 398166, Minneapolis, Minnesota 55439.
Copyright © 2018 by Abdo Consulting Group, Inc. International copyrights reserved in all countries.
No part of this book may be reproduced in any form without written permission from the publisher.

Printed in the United States of America, North Mankato, Minnesota.

102017

012018

THIS BOOK CONTAINS
RECYCLED MATERIALS

Spanish Translator: Maria Puchol

Photo Credits: iStock, Shutterstock

Production Contributors: Teddy Borth, Jennie Forsberg, Grace Hansen

Design Contributors: Christina Doffing, Candice Keimig, Dorothy Toth

Publisher's Cataloging in Publication Data

Names: Murray, Julie, author.

Title: Ser amable / by Julie Murray.

Other titles: Kindness. Spanish

Description: Minneapolis, Minnesota : Abdo Kids, 2018. | Series: Nuestra personalidad |
    Includes online resources and index.

Identifiers: LCCN 2017945848 | ISBN 9781532106231 (lib.bdg.) | ISBN 9781532107337 (ebook)

Subjects: LCSH: Kindness--Juvenile literature. | Children--Conduct of life--Juvenile literature. |
    Moral education--Juvenile literature. | Spanish language materials--Juvenile literature.

Classification: DDC 179--dc23

LC record available at https://lccn.loc.gov/2017945848

Contenido

Ser amable

Se puede ser amable de muchas maneras. ¿Sabes cómo?

Dion comparte su juego de bloques. Él está siendo amable.

Jane ayuda a su mamá con las plantas. Ella está siendo amable.

Ryan **se turna** para beber de la fuente de agua. Él está siendo amable.

Anna le lee un libro a su hermano. Ella está siendo amable.

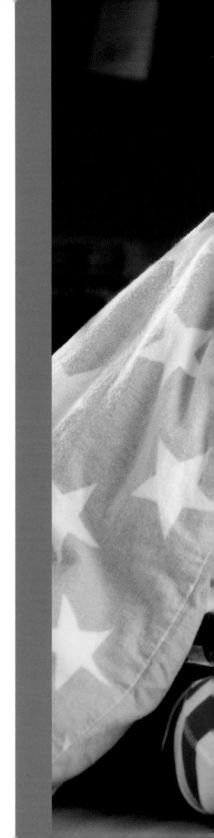

Lexi se cae al suelo. Ruby la ayuda a levantarse. Ella está siendo amable.

Joel ayuda a su **vecino** a rastrillar las hojas. Él está siendo amable.

Erin le lleva rosas a su tía.

Ella está siendo amable.

¿Has sido amable hoy?

Más formas de ser amable

donar tu ropa y
juguetes viejos

abrirle la puerta a alguien

recoger basura

decirle a alguien
que le quieres

Glosario

turnarse
hacer las cosas en orden donde una persona va detrás de otra.

vecino
persona que vive cerca de uno.

Índice

Abdo Kids ONLINE

FREE! ONLINE MULTIMEDIA RESOURCES

¡Visita nuestra página abdokids.com y usa este código para tener acceso a juegos, manualidades, videos y mucho más!

Código Abdo Kids:
CKK0109